Si comme moi, vous êtes une tête de linotte, ce livret est pour vous. Quelques conseils pour ne pas perdre la tête complètement, puis des feuilles lignées pour tout noter.

Saviez-vous que :
L'expression "tête de linotte", utilisée pour désigner une personne étourdie ou distraite vient de la linotte, une espèce d'oiseau qui construit souvent son nid avec insouciance et sans se préoccuper de le dissimuler des yeux des prédateurs, entraînant souvent la destruction de la nichée.
Bon, on va quand même essayer de ne pas voir sa nichée être détruite.
Allez on note, on note...
Si vous voulez me joindre mes coordonnées sont à la fin du livret.
Namasté
Maylin Inspiration

Que faire quand on a une tête de linotte

- Devenir conscient.
- Remarquer les "bouffeurs de temps et d'attention" (réseaux sociaux en tête)
- Ne pas faire plusieurs tâches en même temps
- Ne pas commencer quelque chose avant d'avoir terminer la tâche précédente
- Avoir des routines. On peut les noter sur des post-it ou ce livret au début puis en faire des réflexes quotidiens
- Prendre note de ces distractions principales. Qu'est-ce qui brille et qui attire votre regard ?
- Mais il faut aussi identifier ce que vous n'aimez pas, vos peurs, ce qui vous pousse à procrastiner et à oublier ce que vous deviez faire.

- Faire une liste de choses à faire mais en général on la perd ou on l'oublie. Toutefois le fait de l'avoir permet quand même de se fixer quelques petites choses dans le cerveau.
- Choisir une occupation loisir par jour : un jour étudier, puis lire un roman, écrire.
- Alterner les tâches difficiles et faciles - les tâches que vous aimez et celles que vous aimez moins - les très urgentes avec d'autres qui le sont moins.
- Installer l'application "pomodoro" (voir plus loin)
- Ranger un maximum même si c'est avec votre propre conception de l'ordre.
- Ne pas ouvrir plusieurs fenêtres d'application en même temps et surtout couper les notification !
- Nettoyer sa boîte e-mail.
- Se mettre des RV pour tout même les loisirs et mettre dans le même agenda les RV privés et les RV professionnels

La technique Pomodoro

La technique Pomodoro est une technique de gestion du temps développée par Francesco Cirillo à la fin des années 1980[1].
Cette méthode se base sur l'usage d'un minuteur permettant de respecter des périodes de 25 minutes appelées pomodori (qui signifie en italien « tomates »).

Ces différentes périodes de travail sont séparées par de courtes pauses. La méthode a pour principale prétention que des pauses régulières favorisent l'agilité intellectuelle.

Certains bénéfices des temps de repos sur la consolidation de la mémoire peuvent être observés expérimentalement.

La technique se présente sous la forme de cinq étapes :

- décider de la tâche à effectuer ;
- régler le pomodoro (minuteur) sur 25 minutes ;
- travailler sur la tâche jusqu'à ce que le minuteur sonne et la noter comme faite ;
- prendre une courte pause (5 minutes) ;
- tous les quatre pomodori prendre une pause un peu plus longue (15-20 minutes).

Source :
https://fr.wikipedia.org/wiki/Technique_Pomodoro

Quand le problème d'attention est un trouble déficitaire ou TDA avec ou sans hyperactivité

Le trouble déficit de l'attention avec ou sans hyperactivité (TDAH ; en anglais : attention-deficit hyperactivity disorder, ADHD) est un trouble du neuro-développement caractérisé par trois types de symptômes pouvant se manifester seuls ou combinés :

- des difficultés d'attention et de concentration,
- des symptômes d'hyperactivité et d'hyperkinésie et
- des problèmes de gestion de l'impulsivité.

Le trouble est reconnu lorsque ces symptômes se manifestent de manière persistante, sur six mois ou plus, et de manière suffisamment importante pour poser un obstacle développemental ou perturber l'insertion sociale ou encore le travail scolaire.

Ce trouble débute durant l'enfance et persiste à l'âge adulte dans au moins 15% des cas selon les critères les plus stricts de définition et jusqu'à 65% selon les anciens critères de rémission partielle du DSM-IV3.
La prévalence du TDAH dans la population serait d'environ 2,5% des adultes et 5% des enfants, spécifiquement en France selon la HAS, 3,5% à 5,6% des enfants en souffriraient.

Nonobstant que la détection du trouble est plus complexe chez les filles et femmes de par les symptômes généralement de type inattentif, plus difficiles à détecter, que les symptômes de type hyperactif/impulsif, plus souvent exhibés par les garçons et les hommes, le TDAH se retrouve plus souvent chez les sujets masculins, dans une proportion de deux garçons atteints pour une fille, et 1,6 homme pour 1 femme.Les causes précises du TDAH ne sont pas connues, mais le consensus scientifique actuel est axé sur des prédispositions génétiques et leurs interactions avec l'environnement.

Il en existe 4 grands types de distraction - prenons le cas de la conduite

La distraction visuelle

- quitter la route des yeux pour une tâche annexe non liée à la conduite par exemple.

La distraction cognitive

- avoir l'esprit occupé à autre chose qu'à la situation de conduite et à l'analyse les conditions de circulation par exemple.

La distraction physique

- lâcher le volant pour manipuler d'autres objets non nécessaire à la conduite.

La distraction auditive

- être distrait de sa tâche de conduite ou ne pas pouvoir entendre les bruits de la circulation à cause d'autres signaux auditifs.

<u>Saviez-vous que :</u>

Au Pays de Galles, en Gallois, tête de linotte se dit : "Pen dafad" et veut dire "Tête de mouton"

En Allemagne et donc en Allemand, cela se dit : "Spatzenhirn" soit "Cerveau de moineau"

En Angleterre et donc en Anglais, cela se dit :"Birdbrain" soit "Tête d'oiseau" mais aussi "Empty headed person" soit "Personne à la tête vide"

Au États-Uniset donc également en Anglais, cel se dit : "Airhead" soit "Tête d'air" mais aussi "Bird brain" soit "Cerveau d'oiseau". Toujours aux États-Unis, on dit aussi "Scatterbrain" soit "Cerveau éparpillé"

En Irlande donc en Anglais, cela se dit : "Feather brain" soit "Cerveau à plumes" donc d'oiseau

En Argentine donc en Espagnol, cela se dit "Cabeza de chorlito" soit "Tête de linotte ou de chevalier (oiseau)" Tour jours en Argentine, on dit "Cabeza de novia" soit "Tête de fiancée" et enfin "Cabeza hueca" soit "Tête creuse"

En Espagne donc en Espagnol, cela se dit : "Cabeza de chorlito" soit "Tête de linotte"

Au Canada donc en Français, cela se dit "Cervelle d'oiseau", toujours au Canada, on dit aussi "Petit cerveau" ou "Tête de pioche Imbécile"

En Hongrie donc en Hongrois, cela se dit "Szeleburdi" soit "Etourdi"

En Italie soit en Italien, cela se dit : "Cervello di gallina" soit "Cerveau de poule"

En Belgique en Néerlandais, cela se dit "Kip zonder kop" soit "Poule sans tête".

Au Pays-Bas en Néerlandais, cela se dit : "Een hoofd als een vergiet hebben" soit "Avoir une tête comme une passoire". On dit également au Pays-Bas "Leeghoofd" soit "Tête vide"

Au Brésil en Portugais, cela se dit : "Cabeça de bagre" soit "Tête de silure (poisson-chat)" mais aussi "Cabeça oca" soit "Tête creuse"

En Roumanie en Roumain, cela se dit : "Cap sec" soit "Tête vide"

En Russie en Russe, cela se dit "дырявая голова" soit "Une tête à trous"

En enfin en Slovaquie en Slovaque, cela se dit : "Vetroplach" soit "La personne qui dissipe le vent"

Quelques conseils pour faire des listes de choses à faire efficaces

- Ne vous imposez pas une charge de travail trop importante.
- Ne cherchez pas à prévoir absolument tout.
- Prévoyez suffisamment en avance pour que votre pense-bête soit véritablement utile, mais évitez néanmoins de le préparer trop en amont.
- Évitez les longues phrases qui vous donnent l'impression d'avoir une multitude de choses à faire.
- Pensez à découper les projets imposants en plusieurs petites actions.
- N'hésitez pas à faire plusieurs listes, notamment pour séparer vos impératifs privés et professionnels.

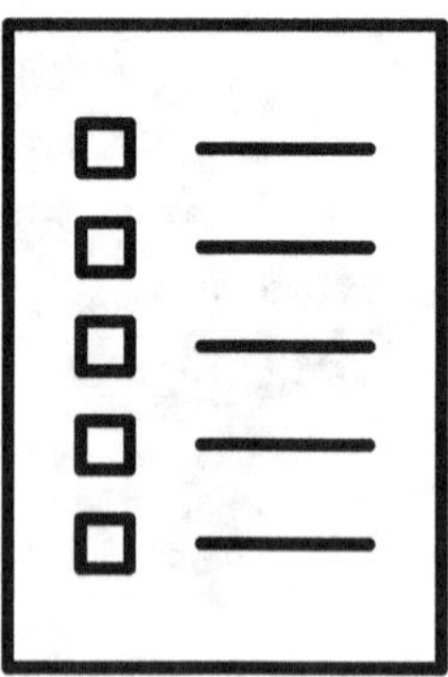

Voilà, j'espère que ces conseils vous auront aidé. Il est temps de tout noter...enfin presque et de ne rien oublier.

Journal des têtes de linottes

Voilà j'espère que ce carnet vous a plu. Vous trouverez mes autres carnets sur ma page d'auteur ou en indiquant "Maylin Inspiration" dans la barre de recherche d'Amazon.

En cas de besoin, n'hésitez à me contacter par mail :
maylininspiration@gmail.com

Ou sur ma page Facebook : Maylin Inspiration

Prenez soin de vous.
Namasté

Maylin Inspiration

www.ingramcontent.com/pod-product-compliance
Lightning Source LLC
Chambersburg PA
CBHW071220130726
47998CB00002B/792